明月和尚 著

人生怎么活
明月和尚如是说

华文出版社
SINO-CULTURE PRESS

图书在版编目（CIP）数据

人生怎么活：明月和尚如是说/明月和尚著. —北京：华文出版社，2016.1
ISBN 978-7-5075-3923-3

Ⅰ.①人… Ⅱ.①明… Ⅲ.①佛教—人生哲学—通俗读物 Ⅳ.①B948-49

中国版本图书馆CIP数据核字（2016）第220416号

人生怎么活：明月和尚如是说

作　　者：	明月和尚（著）
责任编辑：	杨宁（kaiyu118@163.com）
出版发行：	华文出版社
地　　址：	北京市西城区广外大街305号8区2号楼
邮政编码：	100055
电　　话：	编辑部 010-58336258　总编室 010-58336239
	发行部 010-58336266
经　　销：	新华书店
印　　刷：	三河市宏盛印务有限公司
开　　本：	787mm×1092mm　1/32
印　　张：	4.625
字　　数：	80千字
版　　次：	2017年1月第1版
印　　次：	2017年1月第1次印刷
标准书号：	ISBN 978-7-5075-3923-3
定　　价：	22.00元

版权所有，侵权必究

無罣碍

於你空府明月

従善如流

於古城保定府
明月步？

目 录

序文	温存的劝说	1
	自序	5
	明如法语，月有慈光	8
第一章	缘起	3
第二章	初心	11
	安住信念	13
第三章	觉醒	17
	认识生命	18
	超越生命	24
第四章	人间路	27
	认识自己	28
	认识佛法	33
	依止善知识	38
	以戒为师	40

	知行合一	43
	践行佛法	46
	观照自心	47
	烦恼即菩提	57
	慈悲入红尘	63
	放下是承担	86
	不变初心	94
第五章 彼岸		95
	空门不空	96
	上承佛法	97
	下化众生	99
	无得无说	104
第六章 性空		107
结语 发愿兴道，兜率寺立		109
	千手千眼共成兜率法身	112
	同在一起	115

序文

温存的劝说

捧读明月法师的美文，油然而生一股钦敬之情。他的慧心深深打动了我。

我不是佛徒，也不是在家修为的居士，但我欣赏和钦佩佛学深邃的哲理。记得1994年夏天，我刚从第一次恶疾的阴影中爬出，去法门寺参观休息。一个晴好的夜晚，我独自在庭院中散步。寺庙的屋脊挑着高天的明月，四下寂寂，清风飘来遥远的市声，若有若无。我忽地觉得自己正身处彼岸，下望我似乎正在出离的此岸，向那模糊无垠的过往张望；遥看无尽的来世，一切茫茫苍苍，无尽无休。生命的短暂，让我禁不住潸然泪下。这种实实在在的感觉以后再未曾有过。我不知这是佛学的感化，还是从死亡线上爬

人生怎么活——明月和尚如是说

回的启示,但那时我心中翻腾的正是佛学"缘起性空"的哲理。以后我的性格似乎有变,至少不再那样世俗。记得央视的白岩松采访我,他说发现我比先前"宽松"和"容忍"了许多,但还是那样忙碌,而且成绩有超先前。那是一次坦率的采访,似乎还得了相关栏目的一等奖,是授给白岩松的。

不管是佛学,还是濒死的疾病,让我更加正视生活,更加努力工作。我承认佛学所起的抚慰人心的巨大作用。无论小乘还是大乘,是度己还是度他,都是劝人修为,向美向善向真的。对实现人类理想的终极社会,西方的宗教寄托在超自然的力量,即神祇之上。人类只要自然地活着,向造物主礼拜请求宽恕和赐福。而以佛教为代表的东方宗教,特别是中国化了的佛教则主张个人的修为,这是同儒学相融合的结果。正因如此,在大唐玄奘之后,佛教的中心东移至中国,法门寺就是这个历史变迁的不朽的证明。

序文　温存的劝说

我所不明白的是佛教寺庙里的许多造像都是凶神恶鬼，大约是警示人们不得行恶，不然就得下18层地狱或油炸、火烧之类。历史的实践证明，这样的效果并不如当初的设想那样美妙。人们，特别是小孩子怕那些凶神，而远离了佛寺……我以为寺庙应当庄严辉煌或者温馨可人，让人们在暖心的温存中，受到陶然和教化，向善向前。或许随着社会的发展，佛寺里的氛围更令人心向往之。这或者是寺庙的改革前景之一吧！

这就要说到明月法师的慧心和美德。他自幼就深谙佛学之本质，将舍身而度人为一生之志向。因此，他努力向学，苦读典籍，又在大学攻读工艺美术，兼学音乐书法。他知道，佛学是大美之学，须掌握大美之理想和技能的人方能度人，方能扶持众生向着真善美的大道行进。他的文章，不避人间世俗的种种现象，从情爱到财欲，从报复到仇恨，他都一一解读。不说空话，不以佛学的特有话语示人，以明白如话的文字，以诗情画意的语言，温存地劝说。这是我看到的极少见的佛理"布道"文章。他的文章如和煦微风，沁人心脾，教化之心存乎内，温暖之气飘乎外，行文如此，足见他之所以为高僧大德，在佛教界声名远播的缘由了。我从他的身上，看到中国佛教的新气象，在守正的基础上创新，开温暖身心、启迪教化、引人向善向美向真，为民族、为国家创造和谐美丽大家园铺展大路。我以为明月法师是一位适应新时代、创造佛教新局面的代表人物。谁言佛教不能适应新时代？端看明月法师等新高僧。

谨以为序。

苏叔阳

二〇一五年六月四日

于京华窝斋

自 序

各位读者,大家吉祥:

兜率寺开工建设两年多以来,仰仗佛力加被,各界关怀,信众护持,现一期工程已全面竣工,即将举行开光盛典,明月不胜感激。

明月自出家以来,向以讲经说法为志,本不愿为俗务所困。但因缘际会,俗务终难免。于是发愿建兜率寺,为大众提供共修平台,讲经说法,光阐释教,以报佛恩。

众生佛性本如皓月当空,无垢无染。可是五浊恶世,我们的自性难以显现,我们的慈悲难以启迪,我们的智慧难以发露。如何

人生怎么活——明月和尚如是说

让大家更好地从佛法中受益,是我常常思索的问题。

随着科技的进步,生活节奏的加快,如何让深奥的佛法变得简单易懂,让大家对佛法有一个正确的认识并通过修习佛法,做到慈悲对外、智慧对内,最终离苦得乐。我遍查群经,诸佛菩萨或慈悲应化,或金刚怒目,种种示现以度众生;同时也翻阅历代高僧传略,祖师大德善巧方便广化有情:玄奘大师西天求法,九死一生;临济禅师当头棒喝,恩威并施。佛菩萨与祖师大德的慈悯,常常激励着我,思索再三,终有所获。

自2009年起,我利用微博等科技平台,每周写70字左右的哲理小短文,称"每周经典",在信众中广为传播。这类短文大多是阐释佛教经典的,短小精辟,通俗易懂,可以使大家更好地了解佛教,修习佛法。

如今开山楼建成,为感念十方诚心护持,众弟子将明月历年法语文字整理并集结

自序

成书，希望给读者带来一丝清凉，令读者破迷开悟，身安心安，舍迷途而登觉岸。

一载为名来，一艘为利去。
光波有万里，人寿无千岁。
衲僧待知己，众归大觉门。

明月和尚
佛历二五五九年四月吉日
于不东寮

人生怎么活——明月和尚如是说

明如法雨，月有慈光

师父上人明月和尚慈悲爱护众生。早在2009年，为指导弟子们"将修行融入生活，把欢喜带到人间"，便利用微博、微信等平台发表短小精悍的"每周经典"。众弟子受益匪浅。六祖慧能大师有云："一切善法，若不自悟，须假大善知识，解最上乘者，直示正路。"和尚之开示将佛经义理平实化、平淡化、平凡化，深入浅出，浅显易懂，契合当下众生根机。于其言下，佛经义理非不可思不可议不可量之教条，而是切实可行的生活禅。

众弟子跟随和尚多年，目睹恩师为弘法

建寺呕心沥血，从荒山里无水无电无片瓦到开山楼庄严地矗立人间，又到兜率寺发挥弘法利生的作用，更多的感受其实来自于和尚身教而非言传，一如明月当空，普照亿万年，何曾言说？恩师如父，被"明月"慈父之光融化的感动更是无法言说，之所以将恩师法语结集成册，只为能将这一份光明法喜传递给更多人，使能得到这一轮"明月"的普照，从而让每个人本性那一轮月得其明而明。

和尚法语短小精悍，本各自独立，此次整理，特精心编排为六个部分：缘起、初心、觉醒、人间路、彼岸、性空，使读者逐步步入境界。但因编者水平有限，实难表现恩师救度众生的悲心与愿力。况且法本一体，很难划分，如此编排，惟愿闻者欢喜，早日觉醒而悟，于人间路上到达涅槃的彼岸，出离生死苦海。如此方不负佛陀教诲，不负和尚苦心，不负"百千万劫难遭遇"之佛法，不负"人身难得今已得"之前世今生。

水滴石穿，更不负流年。

本书出版，赖兜率寺众弟子与和尚愿力合一，齐心协力，付梓之际，感恩三宝慈力加被，感恩国家崇德兴仁，感恩所有人对兜率寺的护持，感恩一切，愿天下有情早日"拔生死之苦，升无为之安"。

师心似秋月，碧潭清皎洁，无物堪比伦，教我如何说？写完此文，出得兜率寺开山楼，只见皓月当空，月正明。

兜率寺众弟子
二〇一五年五月二十七日

一壶香茗气幽远,
两处闲情自天然。
自斟自饮观自在,
敢作敢为入南瞻。

第一章 缘起

一切有为法,如梦幻泡影。

如露亦如电,应作如是观。

人生怎么活——明月和尚如是说

落花问禅心，
世事如浮云。
缘来一切聚，
缘去性自依。

——乙未三月十二，旅美国耶鲁大学，忽然风起花落，问禅而得

第一章　缘起

当我们面对大千世界的繁华，眼花缭乱，失去心灵的本来面目；当我们被各种欲望迷惑，挣不脱名与利、爱与恨、聚与散的枷锁；当我们一路奔走，累了、痛了，是否问问自己：繁华易逝，我们的心去哪了？我们的心到底需要什么？

小沙弥刚吃完山杏，准备把杏核丢了，老方丈说："果核是树木的心脏，不要丢了，把它播种在泥土里，唤醒一个涅槃的再生梦。"树木的种子可以轮回树木的梦想，人生的种子也可以涅槃人的梦想，人心就是生命的种子。可是，有不少人，在享受生命的同时，随手就把自己的心儿丢了……

人生怎么活——明月和尚如是说

前生也好，今世也罢，不过是周而复始的虚妄，以大智慧从红尘俗世的烦恼中解脱出来，将自己的爱化为大爱，为解除众生的疾苦而献身，这条路是遥远而漫长的，但这正是同圆种智、大慈大悲的菩萨道。

人生最大的痛苦不是走错路，而是站在十字路口不知道走哪条路。走错路，还可以重走，可是在犹豫不决中会错失良机，一事无成。所以面对人生的抉择时，应该用睿智、远见去分析自己到底要走哪条路，决定后就要奔着目标努力奋斗。

树木高大众鸟才会来栖，海洋宽广鱼虾才会来集，自己德行深厚，才会产生能源和力量，成为他人的依靠。若要度人，先要自度。

第一章 缘起

　　人之一生，如负重远行，不可急于求成；以受约束为常事，则不会心生不满；常思贫困，方无贪婪之念；忍耐乃长久无事之基石；愤怒是敌，只知胜而不知败，必害其身；常思己过，莫论人非；不及尚能补，过之无以救。

　　把我们的心里装满大爱、至真、至善、至美，我们的心将远离欲念的污染，我们将会清楚明白世间万事、宇宙万物的真相，我们的心将不会沉寂于自我的得失与忧愁之中，我们的心里将会充满光明，永远处于宁静安详之中。

用慈悲的和风吹干世间痛苦的泪水,用智慧的煦日照见生命本如的真意。

菩提心就是为了救度一切众生出离生死苦海而发愿成佛的心,菩提心是世间最珍贵的心,菩提心涵盖一切善心,菩提心扑灭一切恶心,菩提心能给众生带来无穷快乐,当一个人发起真正的菩提心时,内心会具足无量安乐。

发愿代表我们生命积极向上的根本力量,具有无限的威力。发真切、勇猛、利益大众的菩提愿,可以引导人成就高尚的品质,诸佛皆依此愿力而成正觉。

第一章 缘起

愿我生生世世，

不迷正路修行，

直取菩提上果，

遍度法界众生。

第二章 初心

菩提自性，本来清静。

但用此心，直了成佛。

如是演妙法，具大慈悲心。
令汝得出离，坚固菩提种。
正见而修行，与师愿相通。
和合持禁戒，佛果自然成。

——甲午年释迦牟尼佛成道吉日，兜率寺首期短期出家禅修营前作

第二章 初心

安住信念

　　甲午孟春之末，天朗气清，惠风和畅，与众居士会于真武山顶，见开山楼耸立，感檀越之布施勇猛，顿觉心中开阔，宁静祥和。古云"身安不如心安"，忽觉"心安不如道安，道安不如信念安"，心安、道安、信念安，则道场兴也。此感不忍独享，略记一文，与众互为提携。

　　清晨檐铎叶上霜，
　　日升星落炉添香，
　　虫鸣鸟叫得安养，
　　山静梵高降吉祥。

整个正月好像都在雾霾的天气中度过。昨夜，一场春雨将雾霾冲散，用过午斋，见窗外天蓝云白，便与几个居士相约一起去山上走走，去感受这万物复苏，鸟雀共鸣的情调。

　　去年的这个时候，兜率寺一带还是荒山一片，杂草丛生，路也没有修，只能步行。崇智居士当时问我："师父，您怎么什么都没有就敢来建寺院啊？"我说："我不是什么也没有，我有建寺弘法的坚定信念。"如今，一年过去了，近4500平方米的开山楼主体在十方檀越的大力支持下已经竣工，想想当时的我，除了信念，还有什么呢？

　　古往今来的先贤大德，用种种示现为我们开示信念的力量：玄奘大师为了取回真经，舍身求法，西去天竺，历经千险，带回无数经卷，他的信念为中国佛教乃至中华文化留下了无尽的宝藏；鉴真大师为了传法日本的信念，以花甲之龄六次东渡，直至失明仍不改其志，最终不仅将南山宗的律学传入日本，也将中华文明带向世界。

　　人生的际遇，往往因为一些小事而改变。有些人或许因为某个人而改变自己的人生观；有些人或许因为金钱而改变自己的价值观；有些人或许因为某件事而改变自己的生命观。而我的信念将永远不变，因为我知道，信念是生命的源泉。建寺的信念能够推动佛教的发展，促使社会和谐；弘法的信念能够利益群迷，提升人间道德。建寺弘法的信念，在我心中就像一块永恒的石碑，坚定地屹立着，永远不倒……

　　我将安住我的信念，与各位仁者、信众一起，共建人间净土弥勒道场，让更多的人能得闻佛法，出离生死苦海。

　　生命并非永恒，但我相信，信念超越时空。

第三章 觉醒

世间无常，国土危脆。
四大苦空，五阴无我。
生灭变异，虚伪无主。
心是恶源，形为罪薮。
如是观察，渐离生死。

人生怎么活——明月和尚如是说

认识生命

佛问沙门：人命在几间？

对曰：数日间。

佛言：子未知道。

复问一沙门：人命在几间？

对曰：饭食间。

佛言：子未知道。

复问一沙门：人命在几间？

对曰：呼吸间。

佛言：善哉，子知道矣！

——《佛说四十二章经》

第三章　觉醒

生命是一呼一吸，很简单、很自然。从清晨到夜晚，从寒冬到春天，每个人生命的机会只在呼吸的瞬间。当呼吸停止，生命也随之结束，就像一阵风，轻轻地来、轻轻地走，不留下一丝痕迹，却熔尽你我的人生。

世事无常，谁都不能逃离死亡。每个人的生命都像一支蜡烛，在放尽光明的同时也正在慢慢熄灭。

从生到老，从病到死，从爱别离到怨憎会，从求不得到五阴炽盛，这八苦及无量诸苦使众生宛如身在火宅。世人心地迷惑，无明妄起，百业缠身，烦恼丛生，堪于忍受诸苦恼，安于十恶而不思出离。

人生怎么活——明月和尚如是说

人生路上有多少人迷失了方向？有多少人拼命追逐？有多少人跌跌撞撞？又有多少人能够明白生命的无常。人生剧本一旦演完，不管你愿不愿意，总要卸妆下台，所以，生命没有所有权，只有使用权。

年复一年你看破了多少？日复一日你放下了多少？千方百计你得到了多少？精打细算你失去了多少？求而不得你烦恼了多少？斤斤计较你结怨了多少？贪心不灭你造恶了多少？人生在世你享受了多少？临命终时你带走了多少？

第三章 觉醒

  财富，犹如雨后的彩虹，绚丽无比，却越追越远；名望，好似空谷的回声，乍听响亮，却迅速消失；地位，如同空中的白云，遥不可及，也并不稳固。所以，耗尽一生追求，费尽心思得来，又有什么实质可言？宛如过眼云烟，恰似虚梦无痕。

  人处爱欲之中，患得患失，苦不堪言，终日自寻烦恼又有何益？少欲知足，不妄为造作，安分守己，自然身心轻安。

  念念迅速，一刹那间，转息即是来生，何乃宴然空过？

人生怎么活——明月和尚如是说

佛言:"人离恶道,得为人难。既得为人,去女即男难。既得为男,六根完具难。六根既具,生中国难。既生中国,值佛世难。既值佛世,遇道者难。既得遇道,兴信心难。既兴信心,发菩提心难。既发菩提心,无修无证难。"今既得人身,既生中国,既得遇道,何不早日修证?

迷迷糊糊的生还要迷迷糊糊的死吗?常人迷糊而生迷糊而死,圣人迷糊而生觉悟而死。只有将心灵融入世界,用心去感受生命,才能找到生命的真谛。

第三章 觉醒

　　觉悟了生命的真正意义，就会明白所有外在的人、事、物和世间成就都是虚幻无常的，唯有心灵的提升和内心的成就才是生命可依靠的。唯有自己修行的功德会生生世世伴随自己，或许在轮回中我们会迷失，但我们不能忘记找回自己。

　　人生就是苦、空、无常，珍惜我们短暂的生命，放下对自我得失的执着，积极地面对人生、把握人生、超越人生。

人生怎么活——明月和尚如是说

超越生命

每个人的生命都拥有无限潜能的智慧，每个人的心量都具备包容虚空的慈悲，当我们开启生命的潜能，打开心量的包容，就能完成生命的价值与成就。

弟子问禅师："师父，如何区别世间人的智愚？"

禅师笑："愚者在诸事不顺遂时，满心哀愁，神情沮丧，一旦事事如意，则又雀跃不已。这就是愚痴人的特性；智者早已看清了生命的本质，不会因所谓的得失而动摇心志。"

弟子又问："那生命的真正意义是什么呢？"

禅师答："生命的意义在于超越生命！"

生命不是肉体的存没，而是德行的永恒。

第四章 人间路

仰止唯佛陀,完成在人格。

人成即佛成,是名真现实。

人生怎么活——明月和尚如是说

认识自己

不识本心，
内中不定，
则心会随物转；
能了知自心，
动静一如，
则万象万物都可以随心而转。

第四章 人间路

人应该掌控自己的欲望，而不是被欲望掌控。我们之所以活得累，往往是因为把欲望误认为需要。为贪恋刀尖上的一点蜜糖，而不计后果，使身心陷在欲望的漩涡不能自拔，越陷越深，终将对自己造成极大的伤害。

不要把幸福当成金钱和地位去追求，我们需要一种极为负责的态度去审视生命，对待生命。学会把苦难当做资本，慎重沉稳地做好每一件事，在不断付出中收获快乐。绝境中微笑和奋斗的态度，源于一种认真乐观的生活态度。

幸福不是别人的感觉,而是自己内心的体验,幸福与金钱、名利、地位无关。

人生真正的幸福和快乐就是内心的宁静与祥和。宁静可以启发良知,可以得来富贵,可以带来快乐;祥和中有健康,祥和中有平安,祥和中有幸福。人所需要的,只是找到内心的宁静与祥和。

禅心与智慧,是我们每个人都具备的,只是因为开发和机缘不同,所以才有差别。每个人本身都是一座宝矿,人生的不同,在一定程度上只是自我发掘的不同。

第四章　人间路

一位木匠砍了一棵树,把它做了三个木桶。一个装粪,就叫粪桶,众人躲着;一个装水,就叫水桶,众人用着;一个装酒,就叫酒桶,众人品着……

桶是一样的,因装的东西不同命运也就不同。

人生亦如此,有什么样的观念就有什么样的人生;有什么样的想法就有什么样的生活。所以,改变命运,首先要给自己重装一套思维系统。

命运随时都在改变,佛法中所讲的因果观、价值观,就是为了让我们明白,自己身心的重要性。身就是自己的行为,心就是自己的想法,改变自己的命运,要时刻观照自己的身心是否慈悲和智慧。

佛法犹如大海,鱼虾可以在其中生存,海鸟可以在其中饮食而饱,就连蚊虻也可以在其中繁殖。

万物皆从佛法中各取所需。

通过佛法可以改善人生,改变命运,出离生死乃至究竟成佛。

第四章　人间路

认识佛法

　　佛言：夫见道者，譬如持炬，入冥室中，其冥即灭，而明独存。学道见谛，无明即灭，而明常存矣。

　　　　　　　——《佛说四十二章经》

众生长期于六道之中生死轮回，总是在世间迷惑造业、认妄为真，早已忘却自己成佛的本性。佛陀出于世间，开示众生都可以成佛，并以身作则，用种种善巧方便，引导众生止恶行善，精进向上，直至证得无上菩提。

佛法能破除世间一切谬见，而予以正见；佛法能破除世间一切迷信，而予以正信；佛法能破除世间一切恶行，而予以正行；佛法能破除世间一切幻觉，而予以正觉；佛法能说明人生宇宙之真谛；佛法包括世间各教各学之长处，并补其不足；佛法能广被一切众生之机，而无所遗漏。

第四章　人间路

"诸恶莫作，众善奉行，自净其意，是诸佛教"。"自净其意"，是自己寻找自己的道路：找好自己的位置，实现自己的价值，完成自己的愿望，圆满自己的功德。

所谓功德：功是功夫，德是德行。功德就是度人助人的功夫和为人处世的德行。增加功德就是增加度人助人的功夫，增加为人处世的德行。

佛如良医，法如妙药，僧如看护。佛的称号之一为"调御丈夫"。"调"是善良教化，"御"是强力制服。佛陀大慈大智，能教化引导一切可度者，能以种种方便调御修行者的心性，使之走上涅槃正道，故名"调御丈夫"。

如果你对出家人有清净观、有恭敬心，那你已经解脱成功了一半。出家人就是见解脱，佛法的音声就是闻解脱，佛法的意义就是思维解脱，诸佛菩萨的心怀就是我们解脱的根本因。如果你遇到三宝，遇到师父，请把你的那首人生之歌唱得尽量没有杂音，用清纯的心去奉献。

佛教并不是消极出世，而是积极入世。佛并不是神，而是觉悟了的人，佛不是迷信者的化身，而是觉悟者的称号。

第四章　人间路

　　学佛就是在学做人，就是在圆满自身的人格，人格圆满才能入佛知见。要发利益众生的大愿，并随时随地身体力行。

　　"入则寂守正念无一物，出则普化众生有大千"，以无所住的心利益一切众生就是行菩萨道。

　　学佛的目的其实非常简单，就是通过学佛的过程，掌握一种生活方式和态度，了生死、断烦恼，以豁达的态度对待生活，最终到达自由自在的境界。

　　佛法大海，惟信能入，惟智能度。

　　有信仰，有智慧，有慈悲，才有力量，安然自在。

人生怎么活——明月和尚如是说

依止善知识

一切菩萨成就佛法，皆由善知识力，以善知识而为根本。

——《华严经》

亲近善知识首先要了解善知识。

一群山羊急匆匆地向前走，走着走着，头羊一不小心掉到山崖下去了，后面的羊也一个跟着一个都掉下去了。后来有人找到头羊，经检查发现是因为患了白内障，看不清路而遇难。后面的羊没有考虑对错，认为跟着头羊走总是对的，结果全部遇难。

第四章　人间路

如何依止善知识？"见解一致，思想统一，精神相依，甘苦与共，生死不易，荣辱不离，两心相通，正念一如"。佛说："善男子！求善知识勿生疲懈想，见善知识勿生厌足想，于善知识所有教诲皆应随顺，于善知识善巧方便勿见过失。"

"大众熏修希圣进，十地顿超无难事"。独自修行进步是很慢的，容易放逸散慢，而大众一起熏修会进步很快，甚至可以直接超越初地乃至十地菩萨而直接成佛。所以修学佛法的人也需要有团队精神，将自己融入到弘法利生、精进修行的团队当中。良师善友一起修行，是往世劫所种善根而得的福报，要珍惜良师、善友，互相提携，才能在这条解脱的大道上精进不懈，直至成佛。

以戒为师

佛言：佛子离吾数千里，忆念吾戒，必得道果。在吾左右，虽常见吾，不顺吾戒，终不得道。

——《佛说四十二章经》

修行不在于表面的样子，最重要的是守戒调心。规矩就是戒，我们的起止动作都要用心调整。四威仪中行住坐卧无一不是从守戒开始。修心最重要在于修慧，使身心俱会一处，不可身静而心中却充满杂乱妄想，若是人在这里而心放在过去或未来，就是杂乱心。心念无法控制就会再堕落。

第四章 人间路

独自一人时，要怀着一颗不放逸的心，不能因为无人见就放逸自己得过且过；与众共处时，要怀着一颗不矫饰的心，不能因为有人观瞻，就表演以粉饰太平。自处慎独，群处观心。

布施也是一种戒律，一种修行。布施可以戒掉我们的贪心。

布施的内在提升就是发布施心。发布施心对于自己的精神品质、内心境界以及佛法的修持都是一种提升。有了布施的心就会对众生充满无限慈悲与怜悯，消除对众生嗔恨、伤害的念头。

修布施不单单可以增加我们的福德,更重要的是能克服我们内心的悭贪和吝啬,能克服我们对财物的贪着和占有,能激发我们内心的慈悲与智慧。修布施能提升内心的境界,当每个人都达到不为自己贪着的境界时,才能广泛布施、不断布施、无悔布施,才能产生对社会、对大众的大爱。

持戒是精神的锚,也是身心安定的力量。

第四章 人间路

知行合一

开启成功之门的钥匙,不是美丽动听的语言,而是实实在在地付诸行动,并持之以恒。

人生没有理想很可怕,但只会空想更会一事无成。有了理想,就要定出一套严密的计划,并且以踏踏实实、稳扎稳打的态度去实现理想,坐而言不如起而行。

修行人要学会树立自己的志向;立志向善的人,就会精进向上;立志向恶的人,就会堕落向下。

将佛法落实到生活中，使慈悲心得到增长，人格道德得到完善，生命品质得到提升，将慈悲当做事业、财富去追求，是学佛最大的目标。

不管我们的信仰有多么虔诚，都不能脱离社会和人群，不能脱离应尽的责任和义务，否则我们的信仰就会悬在半空，没有落实的地方。

忙就是修行，能忙中有序，自会法喜充满；能善用时间，自会提升修行。

第四章 人间路

　　心里的田地要开发耕种，人生才能不断成长。经常在心里耕种慈悲，必定收获吉祥、平安；经常在心里耕种智慧，必定收获聪明、灵巧。

　　修行要内外兼修，对内要有随缘自在的调节方式，无论顺境逆境平静面对；对外要有圆满无碍的为人处事方式，无论善恶从容对待。

　　把修行真正落实到我们的生活处事之中，让佛法自他受用，在人间广播菩提种子，就是最究竟圆满的修行。

践行佛法

佛言：博闻爱道，道必难会；守志奉道，其道甚大。

——《佛说四十二章经》

观照自心

内观自心，莫向外求。勿观他人过，一切都是在成就自己。

观自在，即安住于内心的宁静与祥和，观心、观境、观人、观事、观物皆是自在，如此即可获得人生的幸福与快乐。

人应该懂得"应无所住而生其心"，唯有不著相、不偏执，才能把握事物的真实相，所以，在实践中应以空灵自在的心态应对一切。《金刚经》说："凡所有相，皆是虚妄，若见诸相非相，即见如来。"生活、修行中应无所住而自观自在。

人生怎么活——明月和尚如是说

对人当观功念恩，对己当反思忏悔。

常怀忏悔心，逐渐修正自己。能够有自知之明，知道自己不行，就是行，知道自己不好，就是好。

知非为忏，改过为悔。应日日知非，日日改过，一日不知非，即一日安于自是，一日无过可改，即一日无步可进。

眼睛不要总盯着别人的错误，要经常反观自己；嘴巴不要只说别人的过失，要时刻检讨自己。经常反省自己的缺点，调理自己的身心，这就是修行。

第四章 人间路

万事万物都与如来一样清净,但愚昧的人却执着于外相,且沉醉迷恋于世上并不存在的东西。其实生活中很多的不幸和烦恼都源于自己,源于自己内心对人对事的执着。

一人去深山中的寺庙找禅师问道。

禅师问:"你到这儿来是干什么的?"

那人说:"我是来修佛的。"

禅师答:"佛没坏,不用修,先修自己。"

每个人自身都有佛性,都有成佛的种子,要向心内求法,通过自身的修持来挖掘出自身的佛性,而不是假于外物,向心外求。

眼是一把尺，量人先量己；心是一杆秤，称人先称己。挑人过错，自己也有不完美；责人短处，自身也有缺陷。一味步步逼人，不会让别人走上绝路，而会让自己无路可退。

如果你能像看别人缺点一样准确地发现自己的缺点，那么你的生命将会不平凡。

知错就改，勇于否定自己，才能超越自己，品质才会真正升华。

第四章 人间路

　　空是一种度量和胸怀，空是有的可能和前提，空是有的最初因缘，空是人生的最高境界。空杯子才可以装水，空房子才可以住人。而人生如茶，空杯以对，才有喝不完的好茶，才有装不完的喜悦和感动，此即一空万有。

　　看远才能览物于胸，只看眼前美景，难见山外之山；困于蝇头小利，难睹天外之天。

　　心平气和，才能长养智慧，止于至善；心浮气躁，只会蒙蔽灵台，趋向无明。

人生怎么活——明月和尚如是说

　　静心是沉五欲之沙去烦恼的方法。一碗浑浊的水，总去摇它，水便总是浑浊；把碗放下不动，沙尘便能沉底，还水清明。

　　把专心变成一种习惯，心不散乱即是定力。定性现前，万缘俱息，必获利益。

　　静是一种品格，因为静能帮我们处理好与周围事物的关系；静是一种尊严，因为静能过滤浅薄调节精神；静是一种善良，因为静能沉淀浮躁；静是一种智慧的清明，是一种人生的彻悟。拥有了然于心的平静，就会拥有高品质的人生。

第四章 人间路

使人内心宁静祥和的五种心态：慈悲心、感恩心、忍让心、自知心、随缘心。慈悲使人从容，感恩使人幸福，忍让使人淡然，自知使人清醒，随缘使人洒脱。

修行不是与他人竞争、比较自己的成就与理解，唯有开放心胸，才能真正接受法教之甘露，否则，不过是在修"自我"，不是在修行。

我们在生活当中常常会碰到不如意的事，最容易起的就是嗔心，而对治嗔心的方法就是安忍，能安忍的人才是最有力量的人。

忍是一种眼光，忍是一种胸怀，忍是一种领悟，忍是一种人生的技巧，忍是一种规则的智慧。

气不顺时不妄言，有言必失；心不顺时莫做事，做事必败。

"识不足则多虑，威不足则多怒，信不足则多言"。所以，为人要少一些忧虑以增长见识，少一些怒火以保持威仪，少一些话语以长养诚信。

第四章　人间路

　　人之所以烦恼痛苦是因为无法摆脱贪、嗔、痴三毒。当以舍治贪，以忍治嗔，以觉治痴，唯有具备正知正见的智慧，才能摆脱三毒，脱离烦恼痛苦。

　　任风雨飘摇、道路坎坷，都要沉着冷静以对。如果心总是随着境界转变，做痛苦的挣扎，我们的力量就会被自己消耗，更没有能力走出逆境。

　　达观，是一味精神的良药，可以使消沉者奋然振作，使悲观者欣然忘忧，使遭逢逆境者处之泰然。但此药只产于自我之心灵，因此，遇挫折而消沉，处困境而悲观者，须自制其药，自医其疾。

福自何来？一心正念，万福自生。

以正念养正心，以正心养正行为，以正行为度人度世。

第四章　人间路

烦恼即菩提

污泥可以长出莲花，寒门可以培养孝子，烘炉可以锻炼钢铁，困境可以培养伟人，苦涩可以酝酿甘甜，烦恼可以转为菩提。

佛法不离世间，在生活中不要畏惧烦恼，要能够处理烦恼、放下烦恼。

有的人本来很幸福，看起来却很烦恼；有的人本来该烦恼，看起来却很幸福。这是因为，活得清醒的人，看得太真切，看得太真生活中便烦恼遍地，而活得糊涂的人，计较得少，虽然活得简单粗糙，却因此觅得了

人生怎么活——明月和尚如是说

人生的大境界。其实每个人都是幸福的,只是你的幸福常在别人眼里。

转一个念头来看世界,世界无限宽大;换一种立场来待人处事,人事无不轻安。

人在世间只有两条路可以走,一条是艰苦地服从命运的安排,一条是艰难地和命运做抗衡。无论选择哪条路都是"艰",如果一会儿选择服从,一会儿选择抗衡,那便是"苦难"。

不要抱怨你的工作差,不要抱怨怀才不遇无人赏识。现实有太多的不如意,就算生活给你的是垃圾,你同样能把垃圾踩在脚下登上世界之巅。

第四章　人间路

　　看得破的人，处处都是生机；看不破的人，处处都是困境。拿得起的人，处处都是担当；拿不起的人，处处都是桎梏。放得下的人，处处都是大道；放不下的人，处处都是迷途。想得开的人，处处都是春天；想不开的人，处处都是荒原。做何人，在自己；小自我，大天地。

　　与其说是别人让你痛苦，不如说是你自己的修行不够。只要用心体悟，任何人任何事都是自己的老师，都是在成就自己。

　　为人处事、参禅修行要懂得退步和谦卑，退一步之后，才能冲得更远；谦卑地反省之后，才能爬得更高。

谦让，能使矛盾化解，能使斗争平息，能使对手变手足；谦让可以避免斗争，谦让可以消无穷之灾祸。

宋朝的高僧佛果禅师，在担任舒州太平寺住持时，他的师父五祖法演给了他四个戒律：势不可使尽，势若用尽，祸一定来；福不可受尽，福若受尽，缘分必断；规矩不可行尽，规矩若行尽，会予人麻烦；好话不可说尽，好话若说尽，则流于平淡。

世界并不完美，人生当有不足，留些遗憾倒可使人清醒，令人奋进，反而是好事。

第四章　人间路

　　生活如波浪，有波谷也有波峰，在高峰的时候切莫高歌，在波谷的时候不必落泪，一浪翻一浪，一波翻一波，便是彼岸。

　　人生就像河流，在奔入大海时，并非一路畅通，一定要有勇气，一步一个脚印往前走，这就是人生。

　　人生之所以会苦恼，是因为对荣辱、得失、是非、恩怨太过计较，计较太多自然被牵绊。如果能从中解脱出来，自然快乐自在。

人生怎么活——明月和尚如是说

　　人一生中会遇见很多烦恼和挫折，如果能让自心平静如无波之湖，我们就能以明朗之心在烦恼、败坏、污浊之中找到智慧，智慧的人一切烦恼都会带来觉悟。

　　明与无明，凡夫见二，智者了达，其性无二，无二之性即是实性。

　　　笑看人生几多愁，闲云野鹤心自由。
　　　烦恼付与落花去，松傲青山水自流。
　　　人生百年何其短，超然物外为圣贤。
　　　拂袖南山采雏菊，放歌扁舟赏浮鱼。

慈悲入红尘

佛法在世间，不离世间觉，离世觅菩提，恰如求兔角。

——《六祖坛经》

禅师在行脚时感到口渴，路遇一名青年在水塘里踩水车，于是上前向青年要了一杯水喝。

青年以羡慕的口吻说道："禅师，如果有一天我看破红尘，我一定会跟您一样出家学道。不过我出家后，不想像您一样居无定所到处行脚，我会找一个地方隐居，好好参禅打坐，不再抛头露面。"

禅师含笑道:"哦。那你什么时候会看破红尘呢?"

青年答道:"我们这一带就数我最了解水车的性质了,全村人都以此为主要水源,若找到一个能接替我照顾水车的人,届时没有责任的牵绊,我就可以看破红尘,出家修道了。"

禅师道:"你最了解水车,那请告诉我,如果水车全部浸在水里,或完全离开水面会怎么样呢?"

青年说道:"水车全部浸在水里,不但无法转动,甚至会被急流冲走;完全离开水面,车又上不来水。"

禅师道:"个人与世间的关系正像水车与水流的关系。如果一个人完全入世,纵身江湖,沉湎其中,难免会被五欲六尘的潮流裹挟冲走;假如纯然出世,自命清高,心无众生,则人生必是漂浮无根,空转不前。"

报以修行的心,修行在当下,修行在每

一天中，修行在每时每刻，修行在所面对的物、事、人中。

● 红尘物

世间没有一种事物，可以因为自身强大而不依赖它物存在。就像一个人，无论多么富有，也离不开农民种的粮食，更离不开空气、阳光，所以，这个世间的一切事物都值得尊重、感恩、包容。

世间的物质本来是为人所用的，但是有很多人由于缺乏生活的智慧而不知足，最终，一生将会被物所困，苦不堪言。

人生怎么活——明月和尚如是说

有钱能买名贵的东西,有权能让人服从,有名能得到崇拜,可是权、钱、名都不能带来幸福,真正的幸福来自于内心的宁静与祥和。

寡思虑以养神,寡嗜欲以养精,寡语言以养气。一个人的志气要在清心寡欲的状态下才能表现出来,而一个人的节操都在贪图物欲享受中丧失殆尽。

世间万物为我所用,非我所有,这是指导我们物质生活的第一智慧。

第四章　人间路

物质财富，能保证基本生存就行。人世间的物质，有一半是不值得争的，另一半是不需要争的，所以，争什么？

懂得生活是一种品位，懂得享受生活更是一种境界，为拥有的而开心，而不过多奢望自己没有的。

愿意吃亏的人，终究吃不了亏，亏吃多了，总有厚报；爱占便宜的人，定是占不了便宜，赢了微利，却失了大贵。

莫要以为成败无因，今天的苦果，是昨天所播之种，当下的付出，是明日的善报。

要想获得人生最大的财富，应当具备勤为本、断习气、莫贪着、讲诚信这四种品质。

财神在哪里？自己内心的慈悲、智慧便是财神。开启慈悲、智慧之心，心存善念，身演善行，多做利益社会、服务大众的事，才是迎接财神的最好方式。

第四章　人间路

　　生活的美好缘于内心的智慧,生命的价值在于内心的慈悲。

　　要学会以一颗平常心平静生活,不论是富裕还是贫穷,是身处顺境还是逆境,都能做到不怨天尤人,不悲观失望,不自暴自弃。这就是生活,这就是生活给予我们的一切。有言:"别人骑马我骑驴,自觉无颜叹不如。君试回头一察看,道旁还有赤脚夫。"知足就能常乐。

● 红尘事

　　世间没有理所当然成功的事，要想成就一番事业，只有依靠内心的信念与坚强的毅力。生命中没有死胡同，只要你懂得转念，自然有路。心在哪里，路就在哪里；心在哪里，命运就在哪里。不论遭遇怎样的逆境与迷惘，请相信这句至理名言：只要有一颗善良的心，就能吸引到有用的资源、美好的事物以及幸福的生活。

　　河水，懂得躲避障碍，故能川流不息；处世，知道随顺因缘，才能无往不利。

第四章　人间路

　　有远见者，看未来而不看眼前；有抱负者，积德业而不积盛名；有作为者，争千秋而不争一时；有弘愿者，为大众而不为自己。

　　为人处事要以利他为务，要有好事让人、吃亏是福的人生价值观，无私奉献，有不悭的舍心，才能圆满因行。

　　生活就是理解，生活就是微笑面对现实，生活就是越过心灵的障碍，平静心性。生活就是淡泊名利，生活就是自己身上有一架天平，衡量善与恶。生活就是知道自己的价值，知道自己所能做到的与应该做到的。生活，就是通过辛勤的双手，创造大众的幸福与快乐。

人生怎么活——明月和尚如是说

真正珍惜生命的人，应当懂得享受自然，享受清新的空气、和煦的微风、温暖的阳光，而不是在盲目地占有、比较、竞争中消耗生命。超然物外是境界，在忙碌中保留一份闲暇，使心灵获得自由的空间，只有活得简单，才能活得轻安自在。

心若不动，风又奈何。你若不伤，岁月无恙。人生不是一潭死水，有时会有风吹波动，激起圈圈烦恼。学会一切随缘，不强求不可得，不执着已失去，淡定悠然，随遇而安。烦恼像心中黑暗，只有点亮随缘的心灯，才能驱散黑暗，照亮人生。何必太执着，该来的自然会来，要走的也留不住。放开执念，随缘是最好的生活。

第四章 人间路

事莫虚应，应则必办，不办便结怨；愿莫轻许，许愿必还，不还便成债；情莫乱用，乱用不成，不成便成恨。

所有经历的事、遇见的人，都会浓缩成一个词——过去。得或失，成或败，无论快乐还是痛苦，都会过去，人不能总沉迷在回忆中。不管怎样，生活都要向前看，把自己从过去中解放出来，心情不要随着成败、得失而波动，让每一个当下都自在、开心。

自在就是热爱自己的职业,以做好自己的本分事为自在,这样你会永远快乐而得自在。佛教讲身心自在,并不是放荡不羁、无拘无束,而是内心清净无染、不随境转的自由自在,真正的自在是内心造就的,而不是外在环境给予的。

如果感到自己现在很辛苦,那告诉自己:容易走的都是下坡路,坚持住,因为你正在走上坡路。

第四章 人间路

某人得一宝贝"紫砂壶",每夜都放床头。一次梦中失手将紫砂壶壶盖打翻在地,惊醒后他非常懊恼,心想壶盖没了,留壶身何用?于是抓起壶扔到窗外。天明,发现壶盖掉在棉鞋上,无损。恨之,一脚把壶盖踩得粉碎。出门,见昨晚扔出窗外的茶壶,完好挂在树枝上——所以,有时候事情真的需要等一等。

使人疲惫的往往不是道路的遥远,而是你心中的郁闷;使人颓废的往往不是前途的坎坷,而是你自信的丧失;使人痛苦的往往不是生活的不幸,而是你希望的破灭;使人绝望的往往不是挫折的打击,而是心灵的死亡。所以,凡事看淡些,心放开些,一切都会变好。

人生怎么活——明月和尚如是说

人应该具备两种主义：一是完美主义，一是凑合主义。当我们面对人生的目标时，应用完美主义去奋斗；当我们面对无法改变的结果时，就用凑合主义去接受。

心小了，小事就大了；心大了，大事都小了。看淡世间沧桑，内心安然无恙。

师父说："你抬头看，看到什么？"徒弟说："天空。"师父说："天空虽大，但我可以用一只手遮住整个天空。"只见师父用手掌遮住了弟子的双眼，问："你还能看见天空吗？"其实生活中的烦恼，就是这只手掌，它很小，但你若放不下，总是拉近放在眼前，放在心头，你将错过人生的太阳与蓝天。

第四章 人间路

● 红尘人

佛说,你看世界是什么,你便是什么。觉得社会乱了,是因为自己的内心乱了。一味地感慨人情淡薄只是因为自己变得"薄情寡义"了。待人处事多一份温暖、多一份感恩,即使世界变得混沌,也会生活得自在。

要学会用自身的光明,去点燃别人的心灯,自身的光明不会减少,反而会使灯灯相续,普世光明。每个人在生活中总会遇到一些障碍和麻烦,与其选择绕过,不如勇敢面对。苦累都是要经历的,或许这就是你的人生辉煌之时。要明白生命的要义,让内心变得越来越强大,才能走出一条自己的路。有时,放弃、牺牲和倾情付出,甚至要去享受痛苦与煎熬,就如沸水冲茶,方能散发淡雅的馨香。

每个生命都是奇迹,每个经历都是缘,学会和身边的人相处,学会爱身边的人,这也是一种修行。我们接触到的每个人都能反映我们自身的缺点,就算他们有做得不好的地方,不要埋怨,不要冷落,用爱帮助彼此成长。

不要忽视生命中出现的每一个人,因为他们也许是你前世的亲人或爱人。

以欢喜心接纳一切人,以柔和心理解一切人,以慈悲心对待一切人,以恭敬心尊重一切人,以感恩心对待一切人。

第四章 人间路

尊重是与人为善,与人利益;沟通是从善如流,理解人意。尊重、沟通能成就一切。

为人应厚道处事。厚道是以心换心,以情还情,以德报怨,以善报恶;厚道就是要心地单纯,化复杂的人生为简单处世;厚道就是要胸怀宽广,化恩怨干戈为真情玉帛;厚道就是要心存善良,人负我我也不负人。

每天多一些真诚的微笑,说几句鼓励的话,多一点耐心的忍让,把善意播撒出去,做一个快乐幸福的耕种者,必然收获快乐幸福。

假使我们不愿意付出,又有什么资格要求别人回报我们呢?在我们有能力的时候,不肯伸出援手,那在我们需要的时候,又有什么资格要求别人伸出援手?人与人之间,人与其他生命之间,都有相互回报和因果循环,终究自己做最后的承担。

与人相处要学会换位思考。站在自己的角度,会有成千上万个理由抱怨对方;站在对方的角度,则会有成千上万个理由原谅对方。

在应该嗔恨的时候播种慈悲的种子,在应该仇恨的时候给予宽容的谅解。

长养自己的慈悲心，便能化解恩怨情仇，便能与人和谐相处。爱的另一面不是恨，而是原谅，原谅别人就是善待自己。

　　包容是一种境界，包容是一种谦虚，包容是一种智慧，包容是一种善的力量。

　　世上有无数的人在等待别人宽恕，宽恕的受益人不只是被宽恕者，还有那些宽恕的人。宽恕是让人远离痛苦心碎、愤怒伤害的桥，桥的那端便是平静、祥和、喜悦。

人生怎么活——明月和尚如是说

宽恕待人，以德感人，包容化解人与人之间的矛盾，拉近人与人之间的距离。

任天下之智力，以慈御之，无所不能。

有位老禅师，一日晚在禅院散步，看见院墙边有一张椅子，立即明白了有位出家人违反寺规翻墙出去了。老禅师也不声张，静静地走到墙边，移开椅子，就地蹲下。不到半个时辰，果真听到墙外一阵响动。少顷，一位小和尚翻墙而入，黑暗中踩着老禅师的背脊跳进了院子。当他双脚着地时，才发觉刚才自己踏上的不是椅子，而是自己的师父。小和尚顿时惊慌失措，张口结舌，只得

第四章 人间路

站在原地,等待师父的责备和处罚。出乎小和尚意料的是,师父并没有厉声责备他,只是以很平静的语调说:"夜深天凉,快去多穿一件衣服。"其实修行就是在一切时一切事中调伏一切心,在人心黑暗的时候用慈悲、宽容、信任为他点燃般若之灯,如此便是如佛为三界导师,四生慈父。

　　智慧是从人与人的交往、人与事的状况、人与物的关系之间磨练出来的,若逃避现实,离开人、事、物,智慧便无从产生。所以面对人、事、物,要学会激发自己的大智慧,用大智慧去处理人、事、物的关系。

弟子问:"师父您有时候打人、骂人,有时候对人又彬彬有礼,这里面有什么玄机吗?"师父说:"对待上等人直指人心,可打可骂,以真面目待他;对待中等人最多以隐喻暗示他,要讲分寸,他受不起打骂;对待下等人要面带微笑双手合十,他性格脆弱,心眼很小,装不下太多指责和训斥,对他只能用世俗的礼节。"

慈悲,是关照别人的一举一动,是人间的至情;智慧,是清楚自己的一言一行,是微妙的领悟。有慈悲则会做人,有智慧则会做事,慈悲、智慧就是观照自己的言行是否对别人有益。

第四章 人间路

生活简单，才能守住内心的宁静与祥和。当我们懂得"与人无争""与事无争""与世无争"，就不会被世间外欲引诱。少欲知足，就不会产生"颠倒梦想"，就能守住内心的宁静与祥和。

生活就是一个历练的过程，要学会用生活去历练这颗不安的心，每时每刻都不能懈怠，久而久之，能把佛法融入生活时，我们便可以获得人生的自在。

人生怎么活——明月和尚如是说

放下是承担

禅者对修行者说:"你攥紧拳头,告诉我什么感觉?"

修行者攥紧拳头:"有些累!"

禅者说:"试着再用些力!"

"更累了!"

"那你就放开它!"

"这样轻松多了!"

当你感到累的时候,攥得越紧就越累,反过来,放松了,就能释然许多。

第四章 人间路

万事万物都是有时节因缘的,既然时节因缘到了,就放下吧。

有些事物只能缅怀,有些事情只能回忆,生命中已经过去的岁月谁都无能为力,无论是爱过恨过快乐过悲伤过,最终还是被时间翻过了那一页。许多事情,放得下是好,放不下最终也要熬过去。

很多事,直到某一天、某一刻、某一个因缘巧合,才会明白,心,才会安然、淡定、不固执。不是我的,带走也得不到,放在心里,也只是虚空;是我的,光阴里,百年、千年,它也会默然存在。

人生怎么活——明月和尚如是说

尘世间所有的物种都有自己的意愿和归宿，去留无意，都不真正属于你。无须刻意留念，无须贪求享有，无须牵肠挂肚。

世间万物皆是由心而起，由心而灭，如镜花水月，虚实不分、真假难辨。不计较得失，不贪恋尘缘，不痴迷情爱，才能无痛、无殇、无恨。

人的心总像坐在跷跷板上，在不知上下中矛盾不已，其实无论你做出哪个决断，都是要舍去一部分，才能得到一部分，但是一定要学会"放下该放下的，承担该承担的"。

第四章 人间路

  一味地对过去放不下就是杂念，执著地对未来幻想就是妄想，人不能生活于杂念妄想之中，而是应当安于此时此刻的大爱之心，谨守自己当下的本分。

  曾经以为不能放手的东西，只是人生瞬间的一块跳板。人在跳板上，最痛苦的不是跳下那一刻，而是跳下之前心里的挣扎、犹豫、无助。其实，没有什么是不能放手的，那些以为不能放手的事，都只不过是生命的一个过渡。鼓起勇气，跳了，就过去了，一切会变得更精彩。

人生怎么活——明月和尚如是说

　　人不可能同时拥有春花和秋月，也不可能同时拥有繁花与硕果。在这个世界上，没有完美无缺的选择，要学会权衡，学会放弃，学会心平气和，学会接受生命的残缺，然后才有可能得到。

　　人生的选择就是人生的取舍，选择一个就意味着放弃一个，所以会放弃的人就是会选择的人，懂得人生的取舍便懂得了人生的选择。舍弃人生路上的恩恩怨怨、是是非非，让自己以最轻松、最从容、最坦然、最善良的心境去面对人生路上的取舍、选择、努力、奉献。

第四章　人间路

　　当一切尘埃落定，当一切归于平静，我们才会真正懂得放弃其实也是一种美丽的收获，失去原来比拥有更踏实。

　　放下是一种胸怀，是对自我内心的一种自信和把握，放下不是放弃，而是以一种豁达的心态去面对生活与人生。

　　真正的放下是一种心境、一种品质，更是一种追求。当一个人懂得为大众、为社会承担的时候，自然也就懂得了放下对小我的执着。用承担社会未来的美好，对治对过去得失的放不下；用承担人间道德的提升，对治对名利追逐的放不下；用承担一切大众的道业，对治对自我成败的放不下——人应该具有承担大众的勇气和放下自我的胸怀。

人生怎么活——明月和尚如是说

"人身难得",既然已得人身就该珍惜人身。要想得到身心俱乐,就必须放下五欲六尘,树菩提大愿。先贤有云:为天地立心,为生民立命,为往圣继绝学,为万世开太平!佛陀讲:不为自己求安乐,但愿众生得离苦。具备了崇高的人生信念,具备了不惜牺牲奉献的精神,将"悲、智、愿、行"融入到我们的生命,我们才会不觉众苦而得安乐自在。

一个具有真实菩提心的人,其所过的日子是人世间最美好的日子。一个具有菩提心的人,会在菩提心的驱使下,努力扫除内心的种种垢障。当内心的妄想执著等种种垢障被扫尽的时候,自心的光明就会显露出来。一个证悟了内在光明的人,其内心的大安乐根本无法用言语来形容。

第四章　人间路

"不变初心，成佛有余。"在修行的路上，如果不遇到挫折困难，就无法知道自己的定力有多深，所以不管遭遇什么样的艰难，都必须坚持最初的正发心，不要半途而废，辜负修行的初衷。

人生怎么活——明月和尚如是说

不变初心

你静静地挂在天边，
时刻未曾忘记众生的苦难；
你默默地许下大愿，
在暗夜将余晖遍满人间。
虽经阴晴圆缺，
你的光明依然，
弯弯弯弯，最终天心月圆，
弯弯弯弯，最终天心月圆。

——明月于甲午闰九月初十晚

第四章 人间路

"不变初心,成佛有余。"在修行的路上,如果不遇到挫折困难,就无法知道自己的定力有多深,所以不管遭遇什么样的艰难,都必须坚持最初的正发心,不要半途而废,辜负修行的初衷。

人生怎么活——明月和尚如是说

不变初心

你静静地挂在天边,
时刻未曾忘记众生的苦难;
你默默地许下大愿,
在暗夜将余晖遍满人间。
虽经阴晴圆缺,
你的光明依然,
弯弯弯弯,最终天心月圆,
弯弯弯弯,最终天心月圆。

——明月于甲午闰九月初十晚

第五章 彼岸

为诸众生除无利益，是名大慈；
欲与众生无量利乐，是名大悲；
于诸众生心生欢喜，是名大喜；
自舍己乐施与他人，是名大舍。

人生怎么活——明月和尚如是说

空门不空

如梦令·攀缘

窗净鸟鸣雨漫,彻悟人生如幻。悲智自攀缘,双运不觉疲倦。行愿,行愿,普化娑婆无憾。

——佛历二五五九年山僧明月于不东寮

上承佛法

云若烟雾光依依，
万绪千条似水兮。
遥问一句何所去，
为报佛恩剃染衣。

——甲午冬至清晨，触景生情

人生怎么活——明月和尚如是说

把自己当做佛教的沙石,誓愿像水泥混凝土一样,坚固自己的信心,为佛教、为众生奉献一切。

世界上最大的力量是信念和愿力,当有了信念就能心甘情愿的发大愿;当有了愿力就能无怨无悔的感恩一切。生命如此短暂,要抓住一切可以利用的时间充实自己,坚定信念,广发大愿,感恩一切,实践善行,让生命每一分钟都绽放出我们的价值。

明月楼高因指可见,圣言义远赖僧而传。

下化众生

不断地升华自我的品质，追求心灵的解脱，求取自己的本来面目，把自己融于天地之间，与宇宙同在，与万物共存，如此就能发起普度众生的大愿。

全身心为大众付出，自然而得解脱，从人我是非中走出来，自然而得自在。

坚韧的力量来自一颗淡定的心，淡定的心来自不为自求只为利众。

人生怎么活——明月和尚如是说

修行要有担当，要有责任感。不忍众生苦、不忍圣教衰就是担当的体现和责任的实践。

承担是一种灵性的觉醒，是一种慧根的显现，一如放鸟返林、放鱼入水。没有果敢的承担，就没有辉煌的选择——选择一条正确的路并坚定不移地走下去。

出家是一种对生命真义的追求，追求自在、洒脱、真诚、平等、无我、奉献，将个体融入大众，将有限的生命融入无限的时空，提升生命的质量，实现生命的解脱，同时通过团体的辐射力，将生命的智慧真意传达于世人，促进个体与社会的共同进步，使人间成为一片祥和的净土。

第五章　彼岸

出家是超越常人的生活方式，是清净却艰辛的生活方式，是放下自我成就大众的生活方式。选择出家，就意味着愿意接受并按照这种方式生活；如此，清规戒律便不是一种限制，而是实现理想的保证。当选择这种生活时，必须放弃其他的生活，放下对过去的执著，生命才会有新的开始、新的进步。

星云大师说，他一生遭到无数误解。他看报，别人说：和尚也看报？他写字，别人惊讶：和尚也用钢笔？他看时间，别人不满：和尚也戴手表？他去讲法，刚刚从车上下来，就听见人群惊讶声：和尚居然坐汽车？星云大师不得不说话，他说：拜托，我要走着来，一个星期也走不到。——所谓人生，就是误解途中的坚忍。

学会从各种经历中去感悟人生、体悟出人生的意义，觉悟生命的价值，无论顺境逆境都是人生修行的宝贵财富。

将事事转为成佛的助缘，叫做道。用般若智慧将人生的顺境与逆境都转化成断尽烦恼、究竟解脱、成就佛果的力量，就是"般若大道"。

心不着物，便化热恼而作清凉；意为众生，能舍迷途而登觉岸。

第五章　彼岸

四大失调头朦胧，
宛若残灯恰遇风。
摇摇晃晃谁是我？
一呼一吸一孤僧。
夜深山门声愈静，
黄卷独伴窗还明。
愿得度众圆满法，
一钟一鼓一深情。

——山僧明月记于乙未正月二十初夜

无得无说

"须菩提!于意云何?如来得阿耨多罗三藐三菩提耶?如来有所说法耶?"

须菩提言:"如我解佛所说义,无有定法名阿耨多罗三藐三菩提,亦无有定法如来可说。何以故?如来所说法,皆不可取,不可说、非法非非法。所以者何?一切贤圣,皆以无为法而有差别。"

——《金刚经》

第五章　彼岸

　　心是根,言与行都是由心来主宰。心不正,言行也不会正,心正了,言行自然就正了。其实在言语、行为上没有真正的佛法,真正的佛法在心里。

佛说一切法,
为度一切心。
若无一切心,
何用一切法。

第六章 性空

诸行无常,是生灭法。

生灭灭已,寂灭为乐。

人生怎么活——明月和尚如是说

十年云水走风沙，

一路未敢自顾暇。

顿首忽觉空无物，

不知已生妙莲华。

——甲午八月十三晨禅坐而得

结 语

发愿兴道，兜率寺立

　　保定徐水兜率寺由政府宗教事务部门批准设立，系明月和尚秉持"将修行融入生活，把欢喜带到人间"的理念而倡建，2013年6月奠基开工，是华北地区一座大型弥勒佛道场。

　　兜率寺位于保定市徐水区大王店镇西黑山村真武山中，风景秀丽，毗邻京津，交通便利，预计建成后占地面积近百余亩。寺院依中轴线对称而建，沿承建立山门殿、大雄宝殿，开山楼两侧建五观堂、安养院、寮房、钟楼、鼓楼、上客堂等佛教传统建筑外，还突出了本寺弥勒道场特色，于山门殿外建四面天冠弥勒像。该寺借鉴先进建设及管理经验，同时融入现代科技手段，拟建成集佛事活动、慈善安养、禅修体验、文化交流、生态养生、道德养正为一体的现代化、国际化寺院典范。

昔日的真武山人迹罕至，2013年和尚行脚至此，无故迷路，后发愿于此兴建弥勒道场，才走出此地。因弥勒佛在降生人间成佛前居于欲界第四天兜率天，故寺院依此命名为"兜率寺"，以弘扬弥勒佛之慈悲、包容、欢喜，提升人间道德，促使社会和谐。仗善信舍资输力，历时一年半，建筑面积近4500平方米的开山楼已于2014年11月竣工。楼内设置弘法堂、藏经阁、禅堂、不东寮、报恩寮、会客室、寮房等，功能完善，清净庄严，实为人间兜率净土。

建设期间，寺院克服设施匮乏、资金短缺等重重困难，举办多次法会、禅修等佛事活动，并成立了"普明慈善义工队"，扶危济困，关老爱幼，赢得了社会各界的一致好评，在建中的兜率寺已经发挥出重要的弘法利生作用。

千手千眼共成兜率法身

荆棘不妨高楼起，

险山岂碍众人力。

枝枝叶叶殊天地，

楼阁宝像星斗移。

乙未之夏已至，经过大家近两年的辛苦与努力，寺院现已初具规模，兜率寺即将迎来开山楼落成开光盛典，这其中凝聚了十方善信对兜率寺的支持、对山僧明月的信任。

这一年来，明月对兜率寺的弘法理念与思路也有了更深一层的体悟。开山楼的落成并不意味着完工，而是一个新的开始，尤其是在发挥兜率寺的弘法利生作用与社会价值方面。我一直在思考，在当下的时代里，如何向大众展现佛教的精神、普及佛法的教育，让世人更多地了解佛教、修学正法，而不止于拜拜佛、修修福、自求功德。我深知，欲使更多的人将佛法运用在生活当中，仅凭一己之力太过单薄，故此我想到了观世音菩萨的千手千眼，观世音菩萨以千眼遍观世人之苦，以千手拔众苦而予乐。我自思维，如何修得千手千眼呢？建寺两年来，诸多信众勤勤恳恳任劳任怨，有些居士甚至披星戴月自始至终陪我在山上，这让我深切地认识到：具足千手千眼其实很简单，只要有五百人凝聚在一起，将力量合而为一，就有了一千只手一千只眼！

　　人世间就是我们的道场，面对苦难的众生，我们要以弥勒佛的精神建设人间净土，让越来越多的人为众生、为佛教发挥自己最大的力量，和谐四众弟子，促使普世光明。

人生怎么活——明月和尚如是说

凡能理解并践行兜率寺这一弘法理念,以佛心为己心、以师志为己志的同修们,就是兜率寺法身的千手千眼。佛说"心包太虚,量周沙界",就是要我们扩大胸怀,容纳更多的人,齐心协力共同成就一件利人利世的大事。

    转身满天云欲坠,
    回眸山崖似高飞。
    晨光暮色真般若,
    兜率净土迎众归。

同在一起

今天是农历四月初四,文殊菩萨圣诞,也是兜率寺被政府宗教事务部门正式批准为合法宗教活动场所的两周年纪念日。借着这个诸佛欢喜的日子,和大家说说心里话。

兜率寺自开始建设两年来,得到了诸位师友、各级领导以及广大信众的大力支持,在诸缘具备的条件下,兜率寺才有了今天。也正是众缘的和合,也才使得兜率寺显得弥足珍贵。虽然在建设当中遇到过这样那样的困难,但大家锲而不舍,共同克服阻碍,也算是走了出来。

兜率寺即将举行开山楼落成暨开光盛

典。这两年来,我也深深体会到了弘法的艰辛,若想使佛法如明灯一样高悬于世间,我们佛弟子,应当时刻谨记与众生同在一起,就像这么多年以来诸位弟子与我一样在困难面前共生、共勉、共喜、共悲、共事。比如,崇信、崇正、崇法、崇善、崇福、崇慧、崇源等数十年如一日与我同在一起;又如崇智、崇幻、崇空、崇通、崇可陪同我拓山建寺,不畏艰辛,住临建、吃剩饭,也不曾退缩;再如,崇如、崇意、崇安、崇康、崇和、崇华等,在寺院资金匮乏时,踊跃布施;再比如北京、正定、新乐、顺平、定州等地诸多居士不畏路途遥远,每次法会均来参加;更有不忍看我建寺辛苦、发心随我出家的本如师,勇于荷担如来家业,精进不退;等等。不管是一直追随我还是新皈依的,数不胜数的弟子们都在默默付出……

两年来,我不仅感受到了十方诸佛菩萨真实的加持,更感受到了诸位弟子一体同观的实践。现在开山楼即将全面竣工、投入使用，我们不能以此当做成功的终点，而应该当做新生的起点，因为我们是造福一方、弘法一方的佛教弟子，我们应该担当社会仁义、人间道德的引领者，我们要确立兜率寺的社会价值、社会作用，所以在以后的弘法路上更需要诸位与我同在一起，与众生同在一起，与社会同在一起，与国家同在一起！

我们同在一起，这一坚定的誓愿是修持六度万行的起点；

我们同在一起，这一坚定的誓愿是斩断执着烦恼的利剑；

我们同在一起，这一坚定的誓愿是弘法度众力量的源泉；

我们同在一起，这一殊胜的誓愿，是众生的福祉，是世间的希望——

从此我们不再是自己，而是与众生同在一起，与诸佛菩萨同在一起！

清风抚面，心中空寂不觉已过千年；
沧海桑田，瞬息万变可知世间本然。
叹世事，几多茫履步维艰，
念无常，不觉身老负流年，
发宏愿，但与众生心永牵。

明月和尚十二大愿

第一大愿

尽形寿，与佛生死相许，
不舍众生，世世再来。

第二大愿

尽形寿,愿将此身化作,
照耀人心去恶向善,
回归本性的一盏明灯。

第三大愿

尽形寿,愿将此身化作,
促使天下长治久安,
无灾无难的一剂良药。

第四大愿

尽形寿,愿将此身化作,
成就众生法喜轻安,
福慧增长的一艘舟楫。

第五大愿

尽形寿,愿将此身化作桥梁,
度化众生,从烦恼此岸到清凉彼岸。

第六大愿

尽形寿，愿将此身化作灯烛，
度化众生，从无明黑暗到光明无碍。

第七大愿

尽形寿,愿将此身化作大树,
为诸众生,遮蔽三毒热恼。

第八大愿

尽形寿,愿将此身化作缕缕阳光,
照破世间一切黑暗,使诸众生回心向善。

第九大愿

尽形寿，愿将此身化作坚固大地，
承载一切众生苦难，
使诸众生远离三灾，万苦不生。

第十大愿

尽形寿,愿将此身化作朵朵清莲,
引导大众出泥不染,
使诸众生善念长存,清香溢远。

第十一大愿

尽形寿,愿将此身化作涓涓清泉,
洗涤一切众生污浊恶业,
使诸众生业障尽除,善根增长。

第十大愿

尽形寿,愿将此身化作朵朵清莲,
引导大众出泥不染,
使诸众生善念长存,清香溢远。

第十一大愿

尽形寿,愿将此身化作涓涓清泉,
洗涤一切众生污浊恶业,
使诸众生业障尽除,善根增长。

第十二大愿

尽形寿,愿将此身化作百千万亿诸佛,续诸众生法身慧命,使诸国土普世光明。